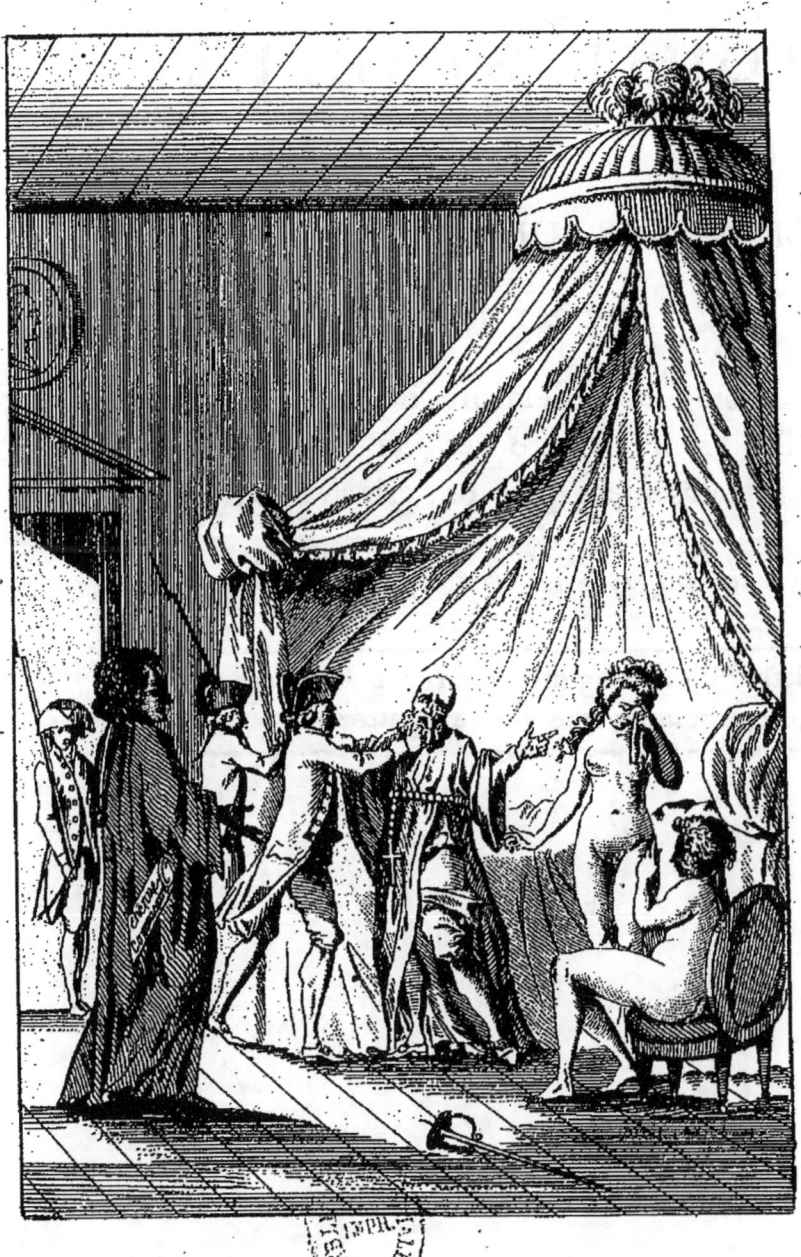

LISTE
DE TOUS LES PRÊTRES
TROUVÉS EN FLAGRANT DÉLIT
CHEZ LES FILLES PUBLIQUES DE PARIS,
SOUS L'ANCIEN RÉGIME;

Avec le nom et la demeure des femmes chez lesquelles ils ont été trouvés, et le détail des différens amusemens qu'ils ont pris avec elles.

Tirée de papiers trouvés à la Bastille.

Ministres de la religion, apprenez les vices de ce gouvernement que vous regrettez.

* * * *
* * *
* * *
* *
*

A PARIS,
CHEZ LES MARCHANDS DE NOUVEAUTÉS.

1790.

AVERTISSEMENT.

Comme on sait que les registres de la police de Paris étoient déposés à la bastille, après avoir resté un certain temps à l'hôtel du lieutenant de police, on ne sera pas surpris que cette liste soit tirée de papiers trouvés dans cet antre infernal, qui ne sembloit destiné qu'à engloutir les malheureuses victimes du despotisme.

Ce monument, s'il n'a pas été le premier ressort dont le despotisme s'est servi pour s'étendre et s'appesantir sur toute la France, en a été du moins le plus puissant, comme le plus redoutable appui. Il est devenu, dans quelques heures le rempart de la liberté, et nous espérons que le nom de la bastille servira autant à l'affermir parmi nous, qu'il avoit contribué à la détruire. Ce nom jadis commandoit le silence, imprimoit la terreur, mais parmi des esclaves ; ce même nom aujourd'hui excite la fureur de l'indignation, ranime et soutient le courage, mais parmi des hommes. A cette idée, qui présente un contraste si frappant, se mêlent des réflexions et des souvenirs tour-à-tour douloureux et agréables. Puissent ces souvenirs arriver jusqu'à la postérité la plus reculée ! Puissent-ils lui être toujours utiles, en lui inspirant la haine des tyrans et l'amour de la liberté !

AVERTISSEMENT.

Nous n'avons point pris à tâche de rapporter en entier les procès-verbaux dressés pour chaque individu; qui, étant faits tous dans la même forme, ne pourroient qu'ennuyer le lecteur, nous nous contentons de nommer les personnages, leurs qualités, et le lieu où ils ont été trouvés en flagrant délit.

La plupart étant encore vivans & habitant même la capitale, nous sommes bien persuadés que cette publication va leur déplaire, et que les docteurs de sorbonne, les quistres de séminaires, et tous les pédans du pays latin, ne vont pas manquer de s'écrier: on attaque les prêtres, on veut détruire la religion, et tout renverser; mais nous espérons que les hommes qui haïssent la tyrannie et qui aiment la liberté, nous sauront bon gré de leur faire connoître combien nous avons de motifs pour haïr l'ancien gouvernement, et combien nous devons attacher un grand prix à celui dont nous commençons à jouir.

C'est dans la classe des ecclésiastiques que l'on trouve aujourd'hui ces ennemis irréconciliables de la raison et de la justice; ces persécuteurs acharnés de la cause du peuple, et c'est principalement sur la grande influence que leur donne leur ministère, que les ennemis de la révolution fondent les espérances de renverser la constitution, et avec elle l'attente de toute la nation.

AVERTISSEMENT.

Eh bien! qu'ils apprennent quel étoit ce gouvernement qu'ils regrettent! qu'ils apprennent que le lieutenant de police s'érigeoit en inquisiteur-général de tous les prêtres qui habitoient Paris; attachoit sur les pas de chacun d'eux une troupe de commissaires, d'inspecteurs et de mouchards! qu'ils se représentent ces sbirres suivre leur proie dans ce qu'on appelle un mauvais lieu, se présenter la plume et l'écritoire à la main, faire à l'ecclésiastique surpris les questions les plus absurdes, et dresser procès-verbal des faits et des actions dans lesquelles les hommes aiment le moins à être troublés, et dont il ne peut y avoir d'autre juge sur la terre que leur propre conscience! qu'ils apprennent que les filles publiques elles-mêmes étoient les agens du lieutenant de police, qu'elles partageoient avec lui le prix et la gloire d'un si noble ministère, et qu'elles étoient payées par lui, pour avertir les mouchards et les inspecteurs, dès qu'un ecclésiastique étoit entré chez elles; ils ne douteront pas sans doute qu'elles n'employassent toute l'ardeur et tout l'art dont elles étoient capables, pour les attirer dans le piége. Quel gouvernement que celui, qui, loin de prévenir ce qu'il appeloit faute, scandale, crime, usoit des moyens les plus puissans pour les faire commettre et les multiplier!

AVERTISSEMENT.

Les archevêques, les évêques, les abbés n'étoient pas plus exempts des soins vigilans de ce héros de l'espionage, et si le péché du bas clergé étoit d'aller chez les filles publiques, celui des prélats étoit d'aller chez celles qu'ils entretenoient. Mais comme l'entrée de ces sérails n'étoit pas aussi libre que celle des allées, l'inspection des suppôts de la police finissoit à la porte, et laissoit les prélats fortunés prendre tranquillement leurs ébats dans ce sanctuaire impénétrable; ils tenoient simplement note du nombre de leurs visites. Si nosseigneurs avoient autant de pudeur que le reste du clergé; s'ils n'avoient pas de grosses abbayes et de riches évêchés, il seroit donc facile de leur prouver qu'ils ont aussi intérêt à fuir l'ancien gouvernement, et à se réunir au vœu de la nation. Mais renoncer à de jolies maîtresses, à des revenus immenses; être obligé d'avoir du mérite par soi-même, et mépriser les parchemins qui le donnoient: voilà, nous en convenons, ce qui ne permet pas dans ce moment de placer sur la même ligne, comme propres à concourir au bien public, les évêques et les simples prêtres.

Ministres de la religion, qui semblez regretter l'ancien régime, voyez si vous pouvez, sans rougir, parler de la servitude avilissante dans

AVERTISSEMENT.

laquelle on vous tenoit ; osez nous vanter encore cette administration, qui soumettoit votre vie privée à une inquisition aussi révoltante, et qui soudoyoit les gens les plus vils, pour vous rendre et vous trouver coupables ; reconnoissez les nobles et estimables surveillans que l'on vous donnoit.

Nous croyons en avoir assez dit pour montrer aux prêtres qui sont susceptibles d'écouter la voix de la raison, qu'ils sont plus intéressés que les autres hommes, à secouer le joug oppressif sous lequel ils vivoient ; à se rallier autour des principes de l'assemblée nationale, et à se féliciter de l'heureuse révolution qui va les faire jouir d'une constitution qui garantira la liberté de leurs personnes et de leurs actions, toutes les fois qu'elles ne seront pas contraires au droit d'autrui. Et certes, il n'y a jamais eu dans une bonne constitution, et on ne verra sûrement pas dans la nôtre, une loi qui interdise aux ecclésiastiques, non plus qu'aux autres hommes, le plaisir si doux de satisfaire un besoin naturel. Et que seroit-ce ? si au lieu d'être forcés d'acheter les plaisirs d'une fille publique, et d'avoir souvent à soutenir contre les sots le droit d'en jouir, ils pouvoient, comme les autres, sans blesser les regards d'autrui, et avec la protection des lois,

AVERTISSEMENT.

goûter les charmes de l'himen, entre les bras d'une épouse chérie, dont l'amour et les vertus leurs auroit indiqué le choix. La société et les prêtres eux-mêmes y gagneroient, et la religion n'en seroit pas moins respectable.

Le règne des préjugés, des erreurs, des hypocrites et des imposteurs est passé ; et l'assemblée nationale, fidèle aux principes de justice, de raison et de vérité qui l'ont dirigée jusqu'ici, se hâtera d'abroger une loi qui défend à une classe d'hommes d'être hommes, à des François d'être citoyens ; une loi qui tend à faire des égoïstes de ceux qui y sont soumis, puisque son objet est de les isoler et de concentrer leur existence dans eux-mêmes ; une loi contraire aux bonnes mœurs, puisqu'elle fait une nécessité de séduire et corrompre la femme et la fille d'autrui, ou de se livrer à des prostituées ; une loi enfin qui est en opposition avec les vues du créateur, les droits de l'homme et de la société.

LISTE

Des honorables membres trouvés chez les filles publiques de Paris.

François-Guillaume Champion, curé de la paroisse de Sainte-Croix, diocèse de Soissons, trouvé, rue S. Honoré, chez la Mitronne, avec Marie-Louise Blaye (1), qui l'amusoit.

A. de Clermet, chanoine de la cathédrale de Beauvais, trouvé, rue des Vieilles-Étuves Saint-Honoré, chez la Montpellier, dont il a joui jusqu'à copulation.

J. Jolibert, prêtre déservant au château de Bicêtre, trouvé déculotté dans une allée, rue Guénégaud, avec une femme sans domicile connu de la police.

F. V. Bulté, de Chery, prêtre, aumônier de la maison du roi, trouvé rue Montorgueil, chez la nommée Rosalie, dite l'Angloise, avec la nommée Prieure, dont il a joui jusqu'à copulation.

F. Lecourt, chanoine de Champeaux, trouvé,

---

(1) La Mitronne est une matrône, et Louise Blaye, une fille d'amour. Nous suivrons le même ordre jusqu'à la fin de cette liste.

rue Tire-Boudin, chez Catherine Rozoy, avec Madeleine Roger, dite Mondor, dont il a joui jusqu'à copulation.

J. B. Girard, R. P. Capucin, de la rue S. Honoré, trouvé, rue Fromenteau, chez les nommées Élisabeth Moulinard, dite Dumoulier, et Françoise Voitout, dite Félicité, avec lesquelles il s'amusoit ; tous les trois sans chemise.

Dom Louis Musier, religieux feuillant de la rue S. Honoré, trouvé, rue Guénégaud, chez Louise Olivier, à la compagnie de la nommée Moulinard, veuve Fortin, avec laquelle il s'étoit amusé.

A. Rouxelin d'Arcy, chanoine de l'église de S. Pierre du Mans, trouvé, rue du Battoir, chez Françoise Balson, dite Dubuisson, avec laquelle il n'avoit encore rien fait ce jour-là ; mais dont il avoit joui cinq jours avant.

J. Mongin, archidiacre de l'église de Bazas, trouvé, rue Mazarine, chez la veuve d'Antoine Marthe, dit Lapierre, à la compagnie de Marguerite Leclerc, avec laquelle il s'est amusé.

L. Malbeste, professeur au collége de Navarre, trouvé, rue de la Harpe, chez Catherine Rozoy, à la compagnie de Madeleine Roger, dite Mondor, avec laquelle il s'est amusé charnellement, sans cependant avoir consommé la copulation, ayant été troublé trop tôt par la visite.

J. L. Gaston, professeur au collége de la Marche, trouvé, rue de la Harpe, chez Catherine Rozoy, à la compagnie de la fille Mondor, avec laquelle il s'est amusé charnellement, sans cependant s'être conjoint avec ladite Mondor.

F. Cotelle, chanoine de S. Denis de Doué, trouvé, rue S. Germain-des-Prés, chez la nommée Guy, couché pour la seconde fois avec Marie-Anne Busté, dite Tourville.

T. Pion, prêtre licentié de Sorbonne, trouvé, rue de la Harpe, chez Catherine Rozoy, à table, à la compagnie de Madeleine Roger, dite Mondor, et de Marie Chevalier, dite Manon, avec lesquelles ils se proposoit de s'amuser.

E. Montmea, chanoine de l'église de Notre-Dame d'Evreux, trouvé, rue des Quatre-Vents, Fauxbourg S. Germain, chez Marie Roisin, veuve Ropra, à la compagnie de Marie Mouron, dite Rosette, avec laquelle il s'est amusé.

C. Maulnorry, chanoine d'Auxerre, trouvé, rue de Vaugirard, chez Marie-Louise Desrais, qu'il étoit venu voir à dessein de s'y amuser.

G. Pavye, prêtre habitué à S. Eustache, trouvé, rue Pavée S. Sauveur, chez la nommée Aubert, avec Marie-Anne Maurice, qu'il a connu charnellement deux fois jusqu'à copulation.

J. B. Gaillard, chanoine de la Victoire-les-Senlis, religieux Dominicain, trouvé, rue

Thévenot, chez la femme Lefevre, avec Marguerite Hubert, qui l'a manualisé jusqu'à pollution.

G. S. Delahaye, diacre, trouvé, rue Jean-Saint-Denis, couché avec Marguerite Desmarais, tous les deux sans chemise.

B. Delaunay, lecteur de l'infant dom Emmanuel de Portugal, trouvé, rue S. Honoré, chez la nommée Léonore, avec laquelle il s'est amusé charnellement jusqu'à copulation.

N. de Rouin, clerc tonsuré, trouvé cul-de-sac-du-Coq, chez la femme Delongray, avec la nommée Emilie, qui l'a amusé manuellement.

Poncet, précepteur chez le sieur Bruné, rue Hyacinthe, trouvé, rue Fromenteau, chez la femme Tassart, couché avec Anne Bonnard.

L. C. Seguin d'Aubignan, prieur de Camp en Aminois, trouvé, rue plâtriere, chez la nommée aimée, avec Zéphire, qu'il a fait désabiller nue, et qu'il a polluée.

P. de Beauve, prêtre habitué à l'église des Innocens, trouvé, rue Fromenteau, chez la femme Dupont, avec la nommée Désirée, qu'il a vu charnellement jusqu'à copulation.

A. Montbrun de S. Sauveur, sous-diacre du diocèse de Lissac, trouvé, rue S. Honoré, chez la nommée Christine Defoy, qui l'a manualisé en présence de Marie de Varenne, sans être parvenu à parfaite pollution.

P. Picard, clerc tonsuré, chantre de la paroisse de la Madeleine de la ville l'Évêque, trouvé, rue du Chantre, chez la nommée Piron, avec Elisabeth Toussaint, qu'il a vu charnellement.

J. De la Vaure, prêtre du diocèse de Cahors, trouvé, rue Plâtrière, chez la nommée Seignerolles, avec Marie Chanterenne, qu'il a vu charnellement.

F. Violot, dit Lefevre, curé de Brezolles, trouvé, rue Fromenteau, chez la nommée Dupont, avec la nommée Désirée, qui l'a amusé manuellement.

Ignace Michel, mineuré, religieux profès du couvent des Jacobins de la rue S. Honoré, trouvé, rue Fromenteau, chez la femme Dupont, avec la nommée Désirée, qu'il a vu charnellement jusqu'à copulation.

L. J. F. Rivière, chanoine de St. Merry, chapelain de la reine, trouvé, rue Plâtrière, chez la nommée Seignerolles, avec Marie Chanterenne, qu'il a fait déshabiller nue, et qu'il a vu charnellement.

E. Macé, curé de Chevreville, près Nanteuil-le-Hardouin, trouvé, rue Plâtrière, chez la nommée Seignerolles, avec Marie Chanterenne, à laquelle il n'a fait que des attouchemens, ayant été troublé.

A. M. C. L. J. B. F. de Saisseval, clerc

tonsuré, résident à Paris, trouvé, rue Plâtrière, chez la nommée Decroin, avec Marie Anne Dubois, qui l'a manualisé jusqu'à pollution.

N. A. Capet, prêtre habitué à S. Eustache, trouvé chez la nommée Marton Noiseu, avec une fille nommée Angélique, qui l'a manualisé jusqu'à pollution.

B. Delaunay, simple clerc tonsuré, résident à Paris, trouvé, rue des Boucheries, chez la nommée d'Héricourt, à la compagnie des nommées Rosette et Victoire, avec lesquelles il n'a rien fait ayant été troublé. (C'étoit la seconde fois qu'on le prenoit dans de pareils lieux).

J. Laureau, prieur de la Trinité-les-Gisors, trouvé, rue de l'Arbre-Sec, chez la nommée Dufresne, avec Sainte-Colombe, à laquelle il n'a fait que des attouchemens charnels.

P. Armand, chapelain des dames de S. Gervais, trouvé, rue des Écouffes-Saint-Antoine, chez la nommée Botard, avec Catherine Meunier, qui l'a manualisé jusqu'à pollution.

N. Merlin, appelé en religion Théodoze de Reims, religieux capucin, lecteur en théologie de la maison de Mondor, trouvé, rue Tiquetonne, chez la nommée Ropra, avec Louise Blet, dite Julie, qu'il a connu charnellement.

A. Aubert, prêtre de Paris, trouvé, rue de Grenelle S. Honoré, chez la nommée Fatin, avec la nommée Julie, à qui il a fait des attouchemens charnels.

C. A. Collenel, chanoine régulier du petit S. Antoine, trouvé, rue des Ecouffes, chez Françoise Bottard, dont il a visité les pièces seulement, ayant été troublé.

H. d'Eurre, prieur de Crillon, résident à Paris, trouvé, rue Saint-André-des-Arcs, chez la nommée Dupré, à la compagnie de plusieurs femmes, dont une s'appeloit Victoire, qu'il a connu charnellement.

J. N. Dumeny, prêtre habitué à S. Nicolas-des-Champs, trouvé, rue S. Honoré, chez la nommée Bergeron, avec la fille Raton, qui l'a manualisé.

C. M. Ruffel, prêtre du Séminaire S. Louis, trouvé, rue Tiquetonne, chez la nommée Ropra, avec Marie-Anne Lamouroux, dite Duchesne, qu'il a vu charnellement.

C. Gaston de Rochefort, simple bénéficier, trouvé, rue de Seine, chez la nommée Laborde, qui l'a amusé manuellement.

F. Comte de Pinget, clerc tonsuré, trouvé, rue Tiquetonne, chez Marie Madon, où il avoit reconduit Jeanne Dauphin, qu'il avoit racrochée rue Traisnée, et avec laquelle il n'avoit encore rien fait, lors de la visite.

F. A. Raphaël, prêtre, augustin réformé du

couvent de la place des Victoires, trouvé, rue S. Thomas du Louvre, chez la femme Laurent, avec la nommée Manon, qui l'a manualisé jusqu'à pollution.

R. Dugé, religieux cordelier, trouvé, rue Plâtrière, chez la nommée Seignerolles, à la compagnie des nommées Pouponne et Massé, avec lesquelles il a consommé l'action.

A. F. Longuavenue, chanoine de S. Quentin, trouvé, rue du Champfleury, chez la nommée Vaudry, qu'il avoit fait déshabiller nue à dessein de s'amuser, et avec laquelle il n'avoit encore rien fait, lors de la visite.

P. Lenoir, chapelain de Saint-Martin, trouvé, rue du Chantre, chez la femme Dalon, avec la nommée Aurore, qu'il a fait désabiller nue, et qu'il a vu charnellement.

P. F. Deshailliers de la Houssaye, prêtre, résident à Paris, trouvé, rue du Battoir, au coin de la rue Mignon, chez la femme Dubuisson, couché nu avec la nommée Désirée, qui ne l'a amusé que par des attouchemens, et qu'il se disposoit à voir charnellement, lors de la visite.

P. Gorostiagos, prêtre habitué en la paroisse de Saint-Jean en Grève, trouvé, rue du Battoir, chez la nommée Dubuisson, couché avec Marie Rousseau, qu'il se disposoit à voir charnellement, lors de la visite.

G.

G. Lescarff, prêtre & précepteur de M. Martigny, au collège du Plessis, trouvé, rue du Battoir, chez la nommée Dubuisson, couché avec Henriette Dubois, qu'il se disposoit aussi à voir charnellement lors de la visite.

(Ces messieurs ont été trouvés tous les trois le même jour, chez ladite Dubuisson, et il paroît que les mouchards attendoient qu'ils se mettent au lit pour entrer).

L. Berthier de Sauvigny, abbé, trouvé, rue Fromenteau, chez la Montpellier, avec la nommée Eléonore, qu'il a connue charnellement, une fois seulement.

R. De Langle, chapelain de l'église de Sainte-Anne, trouvé, rue Fromenteau, chez la Montpellier, avec Elénore, qui l'a mannalisé jusqu'à pollution.

A. Tripperet, vicaire de la paroisse de Frelon, près Dormans, trouvé, rue Beaurepaire, chez la nommée Guy, avec Marie-Thérèse Courcelles, qu'il a vue charnellement jusqu'à copulation.

L. A. La Barrière, clerc minoré, trouvé, rue du Battoir, chez la Dubuisson, avec Agathe Labarre, qu'il a vue charnellement jusqu'à copulation.

N. Paupière, curé de Bray, trouvé, rue Fromenteau, chez la Montpellier, avec la nommée

Raton, qui l'a manualisé jusqu'à pollution.

J. B. Roger, appellé en religion le père Félicien, religieux carme déchaussé, trouvé, rue Saint-Honoré, chez la Durozoys, à table, à la compagnie de quatre femmes, avec lesquelles il n'avoit encore pris que des amusemens préliminaires, et des baisers sur la bouche des nommées Zéphire et Delondre, deux d'entr'elles, lors de la visite.

L. B. P. Guitton de Morvaux, tonsuré, trouvé, rue du Chantre, chez la nommée Piron, avec la fille Roussillon, qu'il a vue charnellement jusqu'à copulation.

J. F. Ango, vicaire de Verrières, près Paris, trouvé, rue de Grenelle-Saint-Honoré, chez la nommée Dalon, à table avec la fille Léré, à qui il avoit déja fait des attouchemens charnels, et avec laquelle il se proposoit de coucher.

M. L. Flamand, chanoine régulier de Ste-Croix de la Bretonnerie, trouvé, rue Bar-du-Bec, chez la nommée Fayard, avec Sébastienne Leroy, qui l'a manualisé jusqu'à effusion de semence.

J. B. Dussault, vicaire d'Amserville, en Picardie, trouvé, rue du Chantre, chez la nommée Roussel, avec la fille Henry, qu'il a vue charnellement jusqu'à copulation parfaite.

H. Papin, curé d'Amboile, trouvé, rue de l'Arbre-Sec, chez la nommée Duchesne, qu'il a vue charnellement, sans cependant avoir consommé, ayant été troublé par la visite.

L. J. Legrand, religieux de Sainte-Geneviève, trouvé, rue Grenier-Saint-Lazare, chez la nommée Boittard, qu'il a connue charnellement, jusqu'à copulation parfaite.

C. T. Pierron, curé de Noisy-le-Roi, trouvé, rue Saint-Honoré, chez la nommée la Villette, avec la nommée Desirée, qu'il a vue charnellement jusqu'à copulation.

L. Chomel, chanoine d'Arras, trouvé, rue de Grenelle-Saint-Honoré, chez la nommée Dalon, avec la nommée Eléonore, qu'il a vue charnellement jusqu'à copulation.

L. F. Lumeny, chanoine de Marseille, trouvé, rue des Frondeurs, chez la nommée Aimée, avec la nommée Hortense, qui l'a manualisé jusqu'à parfaite pollution.

J. J. Jacquelin, oratorien de la maison de l'institution, rue d'Enfer, trouvé, rue Plâtrière, chez la nommée Seignerolles, avec la fille Chanterelle, qu'il a vue charnellement jusqu'à parfaite copulation.

J. B. Gobert de Veaumery, sous-diacre, trouvé, rue Plâtrière, chez la nommée Seignerolles, avec les nommées Fatime et Adélaïde, qui l'ont manualisé jusqu'à parfaite pollution.

F. Jolly, clerc tonsuré, trouvé, rue de Seine, fauxbourg Saint-Germain, chez la femme Beaulieu, avec la nommée Madelon, à qui il a fait des attouchemens charnels, et s'est pollué lui-même.

J. F. Duval, clerc tonsuré, trouvé, rue St-Honoré, chez la femme la Villette, avec la nommée Desirée, qu'il a vue charnellement jusqu'à parfaite copulation.

L. Barré, chapelain de Nantilly, près Saumur, trouvé, rue Saint-Honoré, chez la femme la Villette, avec la nommée Desirée, qui l'a pollué.

L. M. Charles, sous-diacre, séminariste de S. Magloire, trouvé, rue Plâtrière, chez la femme Lefevre, avec la nommée Zéphire, à qui il n'a fait que des attouchemens charnels, ayant été troublé par la visite; mais il est convenu que le jour d'avant, en pareil lieu, il avoit joui de la nommée Vauglane.

G. E. de Chavanne, chanoine de Besançon, trouvé, rue du Chantre, chez la femme Piron, avec la nommée Fatime, qu'il a vue charnellement jusqu'à copulation.

P. F. X. Denis, clerc tonsuré, boursier au collège d'Inville, rue des Cordeliers, trouvé, rue Saint-Honoré, chez Catherine Durozoys, avec la nommée Victoire, qu'il a vue charnellement jusqu'à copulation.

S. M. Aunin, vicaire de Fontenay-sur-Bois, trouvé, rue Plâtrière, chez la femme Seignerolles, avec la nommée Fatime, qu'il a vue charnellement jusqu'à copulation.

S. M. Aunin, vicaire de Fontenay-sur-Bois, trouvé, rue plâtrière, chez la femme Seignerolles, avec la nommée Fatime, qu'il a vue charnellement jusqu'à copulation.

M. Vautier, clerc tonsuré, habitué en la paroisse de Notre-Dame de Bonne-Nouvelle, en qualité de maître d'école de charité, trouvé, rue de Grenelle Saint-Honoré, chez la femme Dalon, avec la nommée chevalier, à qui il n'a fait que des caresses préliminaires, n'ayant pu en faire davantage à cause de la visite. Plusieurs jours avant, dans le même lieu, il s'étoit amusé charnellement, jusqu'à copulation, avec la nommée Henriette.

Dom G. Coutans, religieux bénédictin, congrégation de Saint-Maur, trouvé, rue de Seine, chez la femme Beaulieu, avec Catherine Chevalier, qui l'a manualisé jusqu'à parfaite pollution.

J. Versey, sous-diacre, trouvé, rue Plâtrière, chez la femme Seignerolles, avec la nommée Fatime, qu'il a vue charnellement jusqu'à copulation.

J. J. J. de Gobriacle, grand vicaire de l'archevêché de Sens, trouvé, rue Saint-Nicaise, chez la femme Laurent, avec les nommées Marianne et Manon, qui l'ont pollué deux fois de suite jusqu'à parfaite pollution.

J. L. Mosnier, prêtre et chanoine de Soissons, trouvé, rue Saint-Honoré, chez la femme la Villette, avec la nommée Désirée, qu'il a vue charnellement.

J. N. Destrée, Chanoine de Poissy, trouvé, rue Fromenteau, chez la nommée Victoire, avec la nommée Mauviette, qui l'a manualisé jusqu'à parfaite pollution.

C. Legrand de Lescarmoutier, prêtre, trouvé, rue Basse, porte Saint-Denis, chez la femme Baron, avec la nommée Rose Boursier, qu'il a vue charnellement, laquelle l'a fouetté, pour sa plus grande satisfaction.

S. C. Alliot, abbé commendataire de l'abbaye de S. Benoît, trouvé, rue de Cléry, chez la femme Dubuisson, avec la nommée Julie, à qui il n'a fait que des caresses préliminaires, se disposant à coucher avec elle, si la visite ne l'en eût empêché.

A. Blandurel de Saint-Just, maître de quartier au Cardinal Lemoine, trouvé, rue des Fossés

M. le Prince, chez la nommée Dalon, à la compagnie de trois particulières, dont une s'appelloit Marie-Anne Denis, qui l'a manualisé deux fois jusqu'à parfaite population.

J. J. Guibal, curé de Ville-Bois en Bugey, trouvé, rue Croix-des-petits-champs, chez la femme Vaudry, avec la nommée Adélaïde, qu'il a vue charnellement jusqu'à parfaite copulation.

J. Berthier, doyen des chanoines de la collégiale de Vezelay, et parent de M. de Sauvigny, *le lanterné*, trouvé, rue S. Honoré, à l'hôtel d'Angleterre, chez la femme Soret, avec la nommée Groselle, qui l'a fouetté avec des verges, ce qui l'a fait éjaculer.

J. Bourgeois, prêtre du collége Louis-le-Grand, trouvé, rue Croix-des-petits-champs, chez la femme Vaudry, avec la nommée Zaïre, qui l'a manualisé jusqu'à parfaite pollution ; ensuite il l'a vue charnellement.

J. Moreau, sous-diacre, trouvé, rue de Beauvais, près le Louvre, chez la femme Lasalle, à la compagnie des nommées Sophie et Elise, qu'il avoit fait désabiller nues, et qui le manualisoient, lors de la visite.

M. J. Bulletot, appelé en religion le père Elisée, fameux prédicateur, religieux Carme-Billiette, trouvé, chez le sieur Chazé, limonadier, à la Halle, café nommé vulgairement *la Souricière*, buvant avec les nommés Brenel, cocher de M. le comte de Brienne, et Romain Corbeille, domestique sans condition. (Cet exemple prouve que l'amour du vin, des femmes et de Dieu, s'allient beaucoup mieux que ne croient nos théologiens).

F. J. Moriaux, clerc tonsuré, trouvé, rue Jean-Saint-Denis, chez la femme Florence, avec la nommée Saumart, qu'il a vue charnellement jusqu'à copulation.

J. Hubert, prêtre, trouvé, cul-de-sac de l'Oratoire, chez la femme Desmarets, avec la nommée Eléonore, qu'il a vue charnellement jusqu'à copulation.

L. C. Samson, vicaire de la paroisse de Beû, entre Hourdan et Dreux, trouvé, place du Palais-royal, chez la femme Hugon, avec la nommée Préville, qui l'a manualisé jusqu'à pollution, et qu'il a aussi manualisée.

L. Pion, chapelain d'Auxerre, trouvé, rue d'Argenteuil, chez la nommée Drumelle, qu'il a vue charnellement jusqu'à parfaite copulation.

J. B. Roussel, clerc tonsuré, trouvé, rue du Chantre, chez la femme la Villette, avec les nommées Moviette et Mauvillon, qui l'ont manualisé jusqu'à parfaite pollution.

J. M. Mocet, grand archidiacre de l'église
de

de Tours, trouvé rue de Seine, fauxbourg Saint-Germain, chez la femme Baron, avec Marie-Anne Lefevre, à qui il a fait des attouchemens charnels et qui l'a manualisé jusqu'à parfaite pollution.

J. B. d'Aguesseau, chanoine de la cathédrale de Troye, trouvé rue S. Nicaise, chez la femme Drumelle, qui l'a manualisé jusqu'à parfaite pollution.

H. Huart, prêtre, précepteur du sieur Vaubozel fils, au collège d'Harcourt, trouvé rue du Chantre, chez la femme la Villette, avec la nommée Zéphire, qu'il a vue charnellement jusqu'à parfaite copulation.

J. Treynet, clerc tonsuré, trouvé rue S. Honoré, chez la femme Desmarets, avec les nommées Desnoncourt et Saint-Pouange, qu'il a menées goûter dans le Luxembourg, et qu'il a reconduites chez ladite Desmarets, où elles l'ont manualisé jusqu'à parfaite pollution à deux différentes fois.

J. F. de la Cour, curé de Boubier, trouvé rue S. Honoré, chez la femme Seignerolles, avec la nommée Romainville, qu'il a vue charnellement jusqu'à parfaite copulation, après s'être fait fouetter par elle, et l'avoir fait déshabiller pour exciter l'éjaculation.

C. N. Grosjean, curé de Bourbon, province

de Champagne, trouvé rue S. Honoré, avec les nommées Victoire et Beauvairsin, qui l'ont manualisé jusqu'à parfaite pollution à trois différentes fois, après les avoir fait déshabiller nues.

S. Bonicel, religieux augustin, du couvent du quai de la Vallée, trouvé place du palais royal, chez la femme Hugon, avec les nommées Préville, Louise et Sophie, par lesquelles il s'est fait toucher sans qu'il y ait eu de copulation, et avec lesquelles il s'est encore amusé par des baisers et attouchemens charnels seulement.

P. de Gallon Francesqui, docteur en Sorbonne, vicaire de Viviers en Vivarais, trouvé rue du Chantre, chez la femme Rousselle, couché avec la nommée Dorine, qu'il a vue charnellement jusqu'à copulation parfaite, et qui l'a en outre manualisé.

(Dix-neuf jours après, le même abbé Gallon de Francesqui a été trouvé, chez le sieur Porcabeuf, marchand de vin traiteur à la butte du Mont-Parnasse, atablé avec les nommées Saint-Pouange et Desnoncourt, auxquelles il n'avoit encore fait que des attouchemens sur la gorge, leur ayant promis d'aller coucher avec elles).

L. M. Charle, vicaire de Clichy-la-Garenne, près Paris, trouvé dans un cabaret sur le boulevard, tenu par le nommé Neveu, à l'enseigne du cadran bleu, avec les nommées Briot et Thérèse Dieu, qu'il avoit accostées rue Tiquetonne, qu'il avoit menées souper en cet endroit, et auxquelles il n'avoit encore fait que des attouchemens charnels sur la gorge et ailleurs.....

N. P. Dumage, clerc minoré, et chanoine de la cathédrale, a été aussi trouvé dans le même cabaret avec les mêmes femmes, à l'exception que celui-ci les avoit conduites en carrosse, où il leur avoit fait des attouchemens de toute espèce.

A. F. Delafont, doyen du chapitre de S. Cloud, près Paris, trouvé rue Saint-Nicaise, chez la femme Mitoire, avec la nommée Emilie, qui l'a manualisé jusqu'à parfaite pollution.

P. F. Cambron, religieux profés des cordeliers de Reims, trouvé rue de Seine, F. S. G., chez la femme Baron, avec Angélique Sache, qu'il a vue charnellement.

P. L. Langlois, clerc tonsuré du diocèse d'Evreux, trouvé rue Saint-Nicaise, chez la femme Mitoire, avec la nommée Emilie, qu'il a vue charnellement jusqu'à copulation parfaite.

J. A. Huet, clerc tonsuré du diocèse de Chartres, trouvé place du palais-royal, chez la femme Hugon, avec la nommée Préville, qu'il a vue charnellement jusqu'à copulation parfaite.

J. Descombes, prêtre et chanoine de Ville-Franche en Beaujolois, trouvé rue Saint-Honoré, chez la femme Beausse, à la compagnie de trois femmes avec lesquelles il se disposoit de s'amuser, lors de la visite, quoiqu'il eût déja monté dans un cabinet particulier avec la nommée Fatine, l'une d'elles, à qui il avoit fait des attouchemens sur la gorge.

F. Demaugre, religieux prémontré de la maison de la rue Hautefeuille, trouvé rue du Chantre, chez la femme Lavillette, avec les nommées Désirée et Zaïre, avec lesquelles il s'est amusé charnellement et jusqu'à copulation parfaite.

J. L. Blanquart, prêtre aumônier du prince Lambale, trouvé rue Saint-Honoré, chez la femme Dupont, avec la nommée Agathe, laquelle l'a manualisé jusqu'à pollution parfaite.

J. de Rolland de Berry, chanoine de Toul, trouvé rue du Chantre, chez la femme Lavillette, avec la nommée Rosalie, qu'il a vue charnellement jusqu'à copulation parfaite.

J. Guithon, prêtre, trouvé rue des Nonandières, chez Marie Pare, veuve Meton, à qui il n'a fait que des attouchemens charnels, ayant été troublé au moment où il vouloit lui mettre son membre viril dans la bouche.

E. Bourdon, sous-diacre et chapelain de

Saint-Vincent, trouvé rue Plâtrière, chez la nommée Petit, à qui il n'a fait que des attouchemens sur la gorge, ayant été troublé par la visite.

J. B. Labourier, chanoine de la cathédrale de Mâcon, résident à Paris, trouvé rue Plâtrière, chez la femme Petit, avec Marie-Louise Menard, qu'il a vue charnellement jusqu'à copulation parfaite.

F. Surgis, clerc habitué à Saint-Côme, trouvé rue du Foin Saint-Jacques, chez la nommée Vitry, avec Miladi Bourek, à qui il a fait des attouchemens charnels sur la gorge.

L. Chaussard, clerc habitué à Paris, trouvé rue Tiquetonne, chez Marguerite Mallet, avec Jeanne Gronosheer, à qui il a fait des attouchemens charnels.

M. Douineau, diacre du diocèse de Tours, trouvé rue Contrescarpe, chez la nommée Baron, avec Anne Rosay, qui l'a manualisé jusqu'à pollution. Quinze jours après il a aussi été trouvé rue Saint-Honoré, chez la femme Dupont, qui l'a manualisé sans être parvenu à parfaite pollution.

F. M. S. de Tascher de la Pagerie, prêtre, chanoine de la cathédrale de Blois, trouvé rue Montorgueil, chez Christine Barque, à la compagnie de la nommée Rosinberguerine, qu'il a vue deux fois charnellement jusqu'a copulation parfaite.

J. L. Godemusse, clerc tonsuré du diocèse de Chartres, trouvé rue du Chantre, chez la femme Lavillette avec la nommée Désirée, qui l'a manualisé sans être parvenu à pollution; il a aussi été trouvé, quatre ou cinq jours après, rue Jean-Saint-Denis, chez la femme Lebrun, avec la nommée Babet, qui l'a manualisé jusqu'à pollution parfaite, et sur laquelle il a fait divers attouchemens charnels.

J. L. Dumoncerai, prêtre, trouvé rue des Fossés M. le Prince, chez la nommée Desmarets, dite Catino, avec Thereze Evrard, à qui il a fait des attouchemens charnels, et qui l'a manualisé jusqu'à parfaite pollution.

J. B. Boujardet, clerc tonsuré du diocèse de Besançon, trouvé rue Saint-Honoré, chez la femme Dupont, avec la nommée Manon, qu'il a vue charnellement jusqu'à copulation.

J. P. Lespicier, prêtre habitué à Saint-Jean en Grève, trouvé rue Saint-Honoré, chez les nommées Desirée et Rosalie, qu'il a fait deshabiller nues, lesquelles il a manualiseés.

N. F. Maillard, chanoine régulier de l'ordre de Saint-Antoine, trouvé à table avec Catherine Prudence Pommier, chez le nommé Dubertret, marchand de vin dans les champs-Elisées, laquelle l'a manualisé jusqu'à pollution.

N. J. B. Gossard, vicaire de la maison des Theâtins de Paris, trouvé rue Pagevin, chez la femme Bonnet, avec la nommée Gotton, sur laquelle il a pris des attouchemens, ce qui l'a fait éjaculer.

C. Langlois, vicaire de la chapelle Saint-Pierre, trouvé rue Montorgueil, chez la femme Gaudin, dite la Bouquetière, avec Catherine Feron, qu'il a vue et connue charnellement deux fois jusqu'à copulation parfaite.

P. de Lignac, secrétaire de l'évêque d'Arras, trouvé rue de la Harpe, chez Marie-Anne Miroire, avec Marie-Catherine Annet, dite Adélaïde la Bourgeoise, qu'il a connue charnellement jusqu'à copulation.

P. Migaud, clerc tonsuré résident à Paris, trouvé rue Saint-Honoré, chez la nommée Mouton, qui l'a manualisé jusqu'à parfaite pollution.

J. Poincelet, prêtre du diocèse de Metz, trouvé rue de l'Arbre-Sec, chez la femme Villeneuve, avec Charlotte Macé, à laquelle il n'a fait que des attouchemens charnels.

J. L. Dardel, habitué à la paroisse Saint-

Benoît, trouvé rue Montmartre, chez la femme Magny, avec Anne Chauvet, qui l'a manualisé deux fois jusqu'à effusion de semence.

L. Lapierre, vicaire de la paroisse de Sainte-Marguerite, près Nîmes, trouvé rue des Poulies, chez la femme Petit, avec Reine Bergue, qui l'a manualisé jusqu'à parfaite pollution.

J. V. Delic, habitué en l'église de Saint-Sauveur à Paris, trouvé rue Pagevin, chez la nommée Quincy, sur laquelle il n'a fait que des attouchemens charnels.

J. B. David, clerc tonsuré du diocése de Chartres, trouvé rue Saint-Honoré, chez la femme Desmarets, à la compagnie des nommées Flore et Sophie, avec lesquelles il s'est amusé par des attouchemens charnels seulement.

J. Briard, prêtre religieux de l'ordre de Saint-Benoît, trouvé rue des Boucheries Saint-Honoré, chez la femme Laboirie, avec la nommée Julie, qui l'a manualisé jusqu'à parfaite pollution.

F. J. Noyelle, religieux profès de la maison de Ruissanville, trouvé rue Saint-Honoré, près l'Oratoire, chez la femme Devillers, qui l'a manualisé jusqu'à parfaite pollution.

J. G. Martin, clerc tonsuré de Paris, et chantre de l'église de Saint-Pierre d'Angoulême,

trouvé

trouvé rue Saint-Honoré, chez la femme Desmarets, avec la nommée Flore, qu'il a vue charnellement jusqu'à copulation.

A. F. Caulier, religieux profès de la maison de Douay, ordre des dominicains, trouvé rue des Frondeurs, couché avec la femme Rochette, qu'il n'avoit encore vue qu'une fois charnellement jusqu'à copulation lors de la visite.

J. Boulard, religieux profès de la maison des frères de la charité de Paris, trouvé rue des Prêtres Saint-Séverin, chez la femme Lagarde, à la compagnie des nommées Victoire et Julie, qui l'ont alternativement manualisé jusqu'à parfaite pollution.

F. Tancin, clerc tonsuré du diocèse de Florence, trouvé rue Montmartre, chez la nommée Dumat, avec Marie-Claude Culot, dite Sophie, qui l'a manualisé.

J. B. Dufetel, clerc tonsuré de la ville d'Amiens, trouvé rue Saint-Honoré, chez la femme Desmarets, avec la nommée Sophie, qui l'a manualisé jusqu'à parfaite pollution.

C. François, clerc tonsuré du diocèse de Toul, trouvé rue Saint-Honoré, chez la femme la Villette, avec la nommée Dauphin, qu'il a vue charnellement jusqu'à copulation.

P. E. Aveline, prêtre, trouvé rue Comtesse-d'Artois, chez la femme Préville, qui l'a manualisé jusqu'à parfaite pollution.

G. Gerigney, prêtre du diocèse de Besançon, trouvé rue Pagevin, chez la femme Briaux, avec la nommée Montdor, qu'il a vue charnellement jusqu'à copulation parfaite.

J. A. L. Dufaut, trouvé rue de Grenelle-Saint-Honoré, chez la femme Fouquet, avec la nommée Henriette, à laquelle il n'a fait que des attouchemens charnels sur la gorge.

G. C. Danse, chanoine de Beauvais, trouvé rue Saint-Honoré, chez la nommée Chapuy, dite Zaïre, qu'il a vue charnellement jusqu'à copulation.

A. Gobron, prêtre habitué en la paroisse Saint-Andre-des-Arcs, trouvé rue du Four Saint-Honoré, chez la nommée Monbar, à laquelle il a fait des attouchemens sur la gorge.

F. Antoine, précepteur, trouvé rue Saint-Honoré, chez la femme la Villette, avec la nommée Zaïre, qu'il a fait déshabiller nue et qu'il se disposoit à voir charnellement lors de la visite.

G. Bardonnet, bachelier de Sorbonne, trouvé rue Pagevin, chez la femme Beaulieu, avec la nommée Isidor, qu'il a fait désabiller nue et qu'il a polluée.

J. Meiran, prêtre du diocèse d'Embrun,

trouvé rue Pagevin, chez la femme Briaux, qu'il a vue charnellement jusqu'à parfaite copulation.

J. B. de Roussy de Casseneuve, doyen de la cathédrale de la Rochelle, trouvé rue du Pélican, chez la femme Boiry, avec la nommée Adélaïde, qu'il a connue charnellement jusqu'à copulation.

Le R. P. M. Habert, religieux profès de la maison des Jacobins de Paris, trouvé rue du Chantre, chez la femme Roussel, avec la nommée Comtesse, qui l'a manualisé jusqu'à pollution.

J. C. Leroy, clerc minoré du diocèse de Rennes, trouvé rue du Chantre, chez la femme Piron, avec la nommée Beaufort, dite Alexandrine, à laquelle il a fait des attouchemens charnels sur la gorge.

L. C. Rouvroy de Saint-Simon, clerc tonsuré du diocèse de Saintes, trouvé rue Froidmanteau, chez la femme Fouquet, avec la nommée Beaumont, qu'il a vue charnellement jusqu'à parfaite copulation.

R. A. H. de Brilhac, prêtre du diocèse de Rennes, et J. N. de Rolland, prêtre du diocèse de Genève, trouvés atablés avec la femme Desgrez, chez le sieur Magny, marchand de vin rue Saint-Lazare, et avec laquelle il n'avoient encore pris tous les deux que des amusemens préliminaires sur la gorge et sur les cuisses, &c.

P. L. Prévillier, clerc tonsuré du diocèse de Beauvais, trouvé cul-de-sac du Coq, chez la femme Guérin, avec la nommée Degland, qu'il a vue charnellement jusqu'à copulation.

C. J. Bunel, clerc tonsuré du diocèse de Séez, trouvé rue du Chantre, chez la femm Roussel, avec la nommée Laville, dite Moviette, qu'il se disposoit à voir charnellement lors de la visite.

C. F. Fontaine, prêtre du diocèse de Maux, trouvé rue du Coq St.-Honoré, chez la femme Guérin, à la compagnie des nommées Duval et Barbua, qui l'ont manualisé.

F. L. Levasseur, clerc tonsuré de Paris, trouvé cul-de-sac de l'Oratoire, chez la femme Dumas, avec la nommée Manon, qui l'a manualisé jusqu'à pollution parfaite.

E. J. Artaud, prévot de Saint-Louis du Louvre, trouvé rue du Four Saint-Honoré, chez la femme Desmarets, à laquelle il a fait des attouchemens charnels sur la gorge.

(Plusieurs fois cet ecclesiastique a été trouvé en pareil lieu; différens procès-verbaux le prouvent; quantité de lettres écrites au ministre par sa famille pour le faire renfermer, s'y trouvent réunis).

E Caillot de Begon, clerc tonsuré du diocèse de Clermont, trouvé rue Pagevin, chez la femme Briaux, avec la nommée Désirée, qu'il a vue charnellement jusqu'à copulation.

C. E. de Champigny, prêtre du diocèse de Besançon, trouvé rue de Beauvais, chez la femme Guérin, en la compagnie des nommées Marie-Anne Dumaine et Nicole Boine, qui l'ont manualisé jusqu'à parfaite pollution.

L. G. Viez, prêtre habitué à Saint-Eustache, trouvé rue des Boucheries Saint-Honoré, chez la femme d'Héricourt, avec la nommée Beaujour, qui l'a manualisé jusqu'à effusion de semence.

J. L. J. de Calonne (1), clerc tonsuré du diocèse d'Arras, trouvé rue du Chantre, chez la femme Roussel, à la compagnie de la nommée Coraline, à qui il n'a fait que des attouchemens charnels sur la gorge.

G. de Capponie, clerc tonsuré du diocèse de Clermont en Auvergne, trouvé rue des Petits-Champs, chez la femme Cathinon, avec la nommée Baronne, qu'il a vue charnellement jusqu'à copulation.

---

(1) Cet abbé de Calonne, est le frère de l'ancien ministre qui a si bien conduit l'administration de nos finances, et est député suppléant à l'assemblée nationale.

F. Richard, clerc tonsuré du diocèse de Limoges, trouvé rue du Four Saint-Honoré, chez la femme Desmarets, à la compagnie de la nommée Rosalie, qu'il a vue charnellement jusqu'à parfaite copulation.

R. Frontin, religieux profès de la maison des Bernardins de Savigny, ordre de Cîteaux, trouvé rue des Boucheries Saint-Honoré, chez la femme d'Héricourt, avec la nommée l'Etoile, qu'il a vue charnellement jusqu'à parfaite copulation.

J. B. de Rosimbois, prêtre du diocèse de Tournay, trouvé rue Traversière, chez la femme Mouton, avec la nommée Olimpe, à qui il a fait des attouchemens charnels sur la gorge.

J. Golzard, curé de Croissy en Brie, trouvé deux fois en pareil lieu ; la première, rue Saint-Honoré, chez la femme Desmarets, avec la nommée Villemur, par laquelle il s'est fait manualiser et fait fouetter pour se procurer éjaculation ; la seconde, rue de la Savonnerie, chez Marie-Anne Cazin, à qui il a fait des attouchemens charnels sur la gorge, et par laquelle il s'est fait fouetter sans qu'il y ait eu éjaculation.

B. Messier, chanoine de Beauvais, trouvé rue des Nonandieres, chez Marie-Louise

Blanc-Pied, dite Manon, qu'il a vue charnellement sans que l'éjaculation se soit faite.

C. Legougeux, clerc tonsuré, et maître des écoles de charité de Saint-Eustache, aux porcherons, trouvé rue Pagevin, chez la femme Briaux, avec la nommée Désirée, laquelle l'a manualisé jusqu'à parfaite pollution.

J. L. Hesse, prêtre du diocèse d'Amiens, et procureur du collége des Cholets, trouvé rue du Chantre, chez la femme Fouquet, avec la nommée Fanfale, qui l'a manualisé jusqu'à parfaite pollution.

C. A. Douvry, clerc tonsuré du diocèse de la Rochelle, et boursier du collége de Montaigu, trouvé rue Pavée Saint-Sauveur, chez la femme Leblanc, avec Louise-Adélaïde de l'Etoile, qu'il a vue charnellement jusqu'à parfaite copulation.

N. L. A. M. de Carvoisin d'Armancourt, chanoine de l'église collégiale de Saint-Pierre de Lille, trouvé rue du Chantre, chez la femme Roussel, avec la nommée Auguste, qui l'a manualisé jusqu'à parfaite pollution.

M. Broué, clerc tonsuré de Paris, trouvé rue Pavée Saint-Sauveur, chez la femme Leblanc, avec Madeleine Chevalier, dite Camille, à qui il n'a fait que des attouchemens sur la gorge, ayant été troublé par la visite.

U. R. Ballison, clerc tonsuré du diocèse d'Avranches, trouvé rue Mâcon, chez la femme Lesourd, avec la nommée Matis, qu'il a vue charnellement.

M. A. de Castellanne, prêtre du diocèse d'Uzès, aumônier du Roi, trouvé rue Mazarine, chez la femme Mouton, en la compagnie des nommées Catherine et Léonore, qu'il a fait deshabiller nues, et qui l'ont manualisé.

F. de Clugny, évêque de Viez, trouvé rue du Chantre, chez la femme Fouquet, avec la nommée Henriette, qu'il a vue charnellement jusqu'à parfaite copulation.

J. Crevoisier, clerc minoré du diocèse de Langres, trouvé rue Saint-Honoré, chez la femme Cadiche, avec la nommée Rose, à laquelle il n'avoit encore fait que des attouchemens charnels sur la gorge, se disposant à souper avec elle, et pousser plus loin sa débauche, lorsqu'il fut troublé par la visite.

M. R. de Caloir et J. J. Mondion, tous deux habitués à Saint-Eustache, trouvés ensemble, rue de l'Ozeille, chez la femme Guérin; le premier, avec la nommée Monclerc, qu'il a vue charnellement; le second, avec la nommée Honoré, qu'il a aussi vue charnellement jusqu'à parfaite copulation.

G. G. Ravion, clerc tonsuré du diocèse d'Orléans,

d'Orléans, habitué à Saint-Nicolas-du-Chardonnet, trouvé rue de Bourbon-Villeneuve, chez Marguerite Dubut, dite Cayeu, avec laquelle il devoit dîner lors de la visite.

P. F. X. Léognany, clerc tonsuré du diocèse de Châlons, précepteur chez le sieur Tricot, maître de pension rue de Reuilly, fauxbourg Saint-Antoine, trouvé rue Pavée Saint-Sauveur, chez la femme Leblanc, en la compagnie des nommées Julie Surain, et Jeanne Caron, dite d'Algret, qui l'ont manualisé jusqu'à effusion de semence.

A. J. Liénard, clerc tonsuré du diocèse d'Amiens, trouvé rue du Chantre, chez la femme Fouquet, à la compagnie de Catherine Duval, dite de Saint-Aignan, qu'il a fait déshabiller nue, et à qui il a fait des attouchemens charnels sur toutes les parties du corps.

B. Lenoble, curé de Couzon au Mont-d'or, trouvé rue du Four Saint-Honoré, chez Thérèse Vautrin et Marie-Anne Vautrin sa sœur, avec lesquelles il n'avoit encore pris aucun amusement, ayant été surpris par la visite aussitôt son arrivée.

F. Dutour, prêtre du diocèse de Lyon, trouvé rue Montmartre, chez la femme Mouton, avec la nommée Legrand, à qui il a fait des attouchemens charnels sur la gorge.

J. E. Lartigue, prieur et curé de la paroisse de Beaulieu en Poitou, trouvé rue du Pélican, chez la femme Piron, en la compagnie des nommées Mielle et Pecq, à qui il a fait des attouchemens charnels sur différentes parties du corps, et qui se disposoient à le manualiser lors de la visite.

C. Leblanc, chanoine de Saint-Quentin, trouvé rue du Chantre, chez la femme Roussel, en la compagnie de la nommée Leroi, à qui il a fait des attouchemens charnels sur la gorge.

F. de Glane, chanoine de Chartres, trouvé rue de Richelieu, chez la femme Fouquet, avec la nommée Léonore, qui l'a manualisé jusqu'à effusion de semence.

M. Beaulive, dit Beaulieu, prêtre du diocèse d'Antrim en Irlande, trouvé rue Saint-Honoré, chez la femme Vaudreuil, avec la nommée Dorville, qu'il a vue charnellement jusqu'à parfaite copulation.

F. Cheminant, étudiant, trouvé enclos des Quinze-vingts, chez la femme Desmoulins, avec la nommée Moviette, qu'il a vue charnellement jusqu'à copulation.

J. L. Gaudriller, clerc tonsuré du diocèse d'Amiens, trouvé rue de Grenelle, chez la femme Mouton, avec la nommée Saint-Cyr, qu'il a manualisé jusqu'à parfaite copulation.

E. J. Servin, clerc tonsuré du diocèse d'Auxerre, trouvé rue Mâcon, chez la femme Lesourd, avec la nommée Goguelet, qu'il a vue charnellement jusqu'à effusion de semence.

R. Pichonnier, clerc tonsuré du diocèse de Bayeux, et étudiant en philosophie, trouvé rue du Figuier, chez la femme Saint-Louis, avec la nommée Lebel, qu'il a vue charnellement jusqu'à copulation.

D. Payé, curé du village de Poivillier, trouvé rue Mâcon, chez la femme Lesourd, avec Marie Goglé, qui l'a manualisé jusqu'à effusion de semence.

T. Raoult, prêtre habitué en la paroisse de Saint-Jean-de-Latran, trouvé rue du Pélican, chez la femme Piron, avec la nommée Dalainville, à qui il a fait des attouchemens charnels sur la gorge.

J. Rebin, clerc tonsuré du diocèse de Paris, rue Saint-André-des-Arcs, chez la femme Vitry, avec Anne Andriot, qui l'a manualisé.

P. M. Sirop, prêtre du diocèse de Cambray, trouvé rue de Grenelle Saint-Honoré, chez les nommées Létoile et Léonore, auxquelles il a fait différens attouchemens en buvant avec elles une bouteille de vin de champagne.

F. Pinson, clerc tonsuré du diocèse de Soissons, trouvé rue Saint-André-des-Arcs, chez la femme Vitry, avec la nommée Anne-Andriot, qui l'a manualisé jusqu'à effusion de semence.

H. Lupart, religieux prémontré de la rue Hautefeuille, trouvé dans la même maison et avec la même femme, qui l'a manualisé jusqu'à parfaite pollution.

J. Desnoyers, clerc tonsuré du diocèse de Paris, trouvé aussi dans la même maison, avec Catherine Dufour, dite Flore, qui l'a fait éjaculer.

A. F. Pienés, clerc tonsuré du diocèse de Paris, trouvé aussi chez la femme Vitry, avec Catherine Dufour, qui l'a manualisé.

J. B. M. de Sircey, prieur commandataire de Marsilly, diocèse de Lyon, trouvé rue de Richelieu, chez la femme Guérin, avec la nommée Bellevue, à qui il a fait des attouchemens charnels.

G. de Bar, prêtre du diocèse de Tulle, trouvé rue des deux Ecus, au coin de celle de Grenelle, chez la femme Laurent, avec la nommée Rosalie, qu'il se disposoit à voir charnellement lors de la visite.

Le procès-verbal qui suit méritant une attention particulière, on a cru devoir le choisir et le rapporter en entier, pour donner la forme de tous les autres, ainsi que celle des lettres adressées au lieutenant de police par les différens inspecteurs, à la suite de leurs nobles expéditions.

___

L'an mil sept cent soixante-cinq, le samedi 26 octobre, quatre heures de relevée, nous Hubert Mutel, avocat au parlement, conseiller du roi, commissaire au châtelet de Paris, en exécution des ordres à nous adressés, sur le requisitoire et accompagné du sieur Louis Marais, conseiller du roi, inspecteur de police, nous sommes transportés rue du Figuier, paroisse Saint-Paul, dans une maison à petite porte, dont le nommée Chardon, fruitier, est principal locataire, où étant montés au premier étage, dans une chambre ayant vue sur ladite rue, et occupée par la nommée Saint-Louis, qui y tient un lieu de débauche, avons trouvé en la compagnie des nommées Félix et Julie, toutes deux filles de prostitution, demeurantes chez ladite Saint-Louis, un particulier vêtu en habit de femme, consistant en jupon, manteau-de-lit, chemise, tablier, mouchoir de cou, mantelet et bonnet monté, et ayant du rouge et des mouches au visage, et dans la même chambre s'est trouvé, sur des chaises et sur une commode, des habits à l'usage des chanoines réguliers de l'ordre de Saint-Augustin, que ledit particulier a dit lui appartenir, et dont il s'est revêtu en notre présence, après avoir quitté lesdits habits de femme, et le rouge et les mouches; et ledit particulier enquis par nous de ses nom, surnom, âge, qualités, pays et demeure, pourquoi il se trouve dans ledit lieu de débauche, combien de fois il y est venu, ce qu'il y a fait et pourquoi il y avoit quitté ses habits religieux pour se vêtir d'habits de femme; a dit se nommer Honoré Regnard, âgé de 53 ans passés, natif du lieu de Chesnay, paroisse de Gagny près Chelles, prêtre du diocèse de Paris, chanoine régulier et profés depuis trente-quatre-ans de l'ordre de Saint-Augustin, et procureur actuel de la maison de Sainte-Catherine à Paris, y demeurant; qu'il est venu deux fois dans ledit lieu de son propre mouvement, savoir: une fois le jour d'hier, et une fois aujourd'hui; que le jour d'hier il s'est amusé avec ladite Félix, en la faisant déshabiller nue, et en a examiné les parties externes de la génération, lesquelles il a seulement touchées avec la main enveloppée dans le bout de son manteau; qu'il a ensuite mis sur sa tête le bonnet monté de ladite Félix; que ce jour d'hui, par un mouvement de curiosité, et pour connoître plus parfaitement les parties extérieures de la génération de la femme, et pour savoir quelle figure il avoit en habits de femme, il est revenu dans ledit lieu de débauche, a levé les jupes et les chemises desdites Félix et Julie, a examiné leurs parties de la génération et distinctives du sexe, et a quitté ses habits et s'est revêtu d'habits de femme, qui lui ont été prêtés par lesdites Félix et Julie, et qu'il s'est fait appliquer par elles du rouge et des mouches sur le visage; qu'il y a plusieurs années qu'il étoit tourmenté de ces différentes idées, et qu'il ne s'étoit point trouvé jusques à-présent à portée de les satisfaire comme il a fait aujourd'hui. De ce que dessus avons fait et dressé le présent procés-verbal, que ledit sieur Regnard a signé avec ledit sieur Marais et nous commissaire en notre minute. Ce fait, ledit sieur Marais s'est chargé dudit sieur Regnard, pour le remettre ès mains de son supérieur, et a signé avec nous en notre minute.

Pour copie, *Mutel*.

Lettre adressée à M. le lieutenant de police par le sieur Marais, inspecteur.

Monsieur,

Ayant été instruit qu'il y avoit un ecclésiastique rue du Figuier, paroisse Saint-Paul, chez la nommée Saint-Louis, femme du monde, je m'y suis transporté avec le commissaire Mutel, et effectivement nous y avons trouvé le sieur Honoré Regnard, âgé de 53 ans passés, natif du Chesnay, paroisse de Gagny, près Chelles, prêtre du diocèse de Paris, chanoine régulier de l'ordre de Saint-Augustin, et procureur actuel de la maison de Sainte-Catherine à Paris, lequel m'a donné sa reconnoissance portant qu'il est venu de son propre mouvement chez la susdite femme hier et aujourd'hui pour s'y amuser, savoir : le jour d'ier, avec la nommée Félix, fille de prostitution, qu'il a fait deshabiler nue, et à laquelle il a examiné les parties extérieures de la génération, qu'il a touchées avec la main enveloppée dans le bout de son manteau, et qu'il s'est coëffé du bonnet monté de ladite Félix; qu'aujourd'hui, étant venu chez ladite femme, il s'est amusé avec ladite Félix et la nommée Julie sa compagne, en levant leurs jupes et leurs chemises, pour examiner, comme de fait il a examiné attentivement leurs parties externes de la génération, et qu'il a quitté ses habits religieux, et s'est revêtu d'habits de femmes qui lui ont été prêtés par lesdites Félix et Julie, par lesquelles il s'est fait appliquer du rouge et des mouches sur le visage, pour connoître quelle seroit sa figure en habits de femme, et que c'est en cet état qu'il a été surpris lors de notre arrivée ; déclarant en outre qu'il y avoit plusieurs années qu'il avoit cette fantaisie qu'il n'a pu satisfaire plutôt, en foi de quoi il a signé; et vu, sa qualité de procureur de ladite maison de Sainte-Catherine, j'ai conduit ledit sieur Regnard pardevant M. le lieutenant-général de police, pour en ordonner ce qu'il lui plairoit

F I N.

www.ingramcontent.com/pod-product-compliance
Lightning Source LLC
LaVergne TN
LVHW022208080426
835511LV00008B/1651